AF156849

BEI GRIN MACHT SICH IHR WISSEN BEZAHLT

- Wir veröffentlichen Ihre Hausarbeit,
  Bachelor- und Masterarbeit

- Ihr eigenes eBook und Buch -
  weltweit in allen wichtigen Shops

- Verdienen Sie an jedem Verkauf

**Jetzt bei www.GRIN.com hochladen
und kostenlos publizieren**

Bibliografische Information der Deutschen Nationalbibliothek:

Die Deutsche Bibliothek verzeichnet diese Publikation in der Deutschen National-
bibliografie; detaillierte bibliografische Daten sind im Internet über http://dnb.d-
nb.de/ abrufbar.

Impressum:

Copyright © 2017 GRIN Verlag
Druck und Bindung: Books on Demand GmbH, Norderstedt Germany
ISBN: 9783668983663

Dieses Buch bei GRIN:

https://www.grin.com/document/491766

Anonym

Die Rolle der "Zentralbauleitung der Waffen-SS und Polizei Auschwitz" bei der Organisation des Holocaust

Architektur des Mordes

GRIN Verlag

GRIN - Your knowledge has value

Der GRIN Verlag publiziert seit 1998 wissenschaftliche Arbeiten von Studenten, Hochschullehrern und anderen Akademikern als eBook und gedrucktes Buch. Die Verlagswebsite www.grin.com ist die ideale Plattform zur Veröffentlichung von Hausarbeiten, Abschlussarbeiten, wissenschaftlichen Aufsätzen, Dissertationen und Fachbüchern.

Besuchen Sie uns im Internet:

http://www.grin.com/

http://www.facebook.com/grincom

http://www.twitter.com/grin_com

Universität zu Köln

Historisches Institut

Abteilung für Neuere Geschichte

Aufbauseminar: Auschwitz – Ort und Bedeutung (mit Exkursion)

Semester: WiSe 2016/17

Thema der Hausarbeit:

Architektur des Mordes

Über die Mitarbeiter der „Zentralbauleitung der Waffen-SS und Polizei Auschwitz" und ihre Rolle bei der Organisation des Holocaust

Fachrichtung:

Bachelor Lehramt Gymnasium/ Gesamtschule

Geschichte und Deutsch

6. Fachsemester

Abgabedatum: 31.03.2017

Inhaltsverzeichnis

1. Einleitung

Ein Ort wie Auschwitz, an dem über eine Million Menschen systematisch ermordet wurden, entsteht zweifelsohne nicht über Nacht. Die Errichtung des Konzentrationslagers war ein langjähriger Prozess, der nie beendet wurde. Für die architektonische Vorbereitung und Durchführung des Baus war die sogenannte „Zentralbauleitung der Waffen-SS und Polizei Auschwitz" zuständig. Im Gegensatz zu anderen Berufsgruppen, die in die Geschichte des Lagers involviert waren, ist die der Architekten allerdings nur wenig untersucht worden. Als die SS Anfang 1945 die Krematorien sprengte und belastendes Material vernichtete, übersah sie scheinbar die Akten der Zentralbauleitung. Nach der Befreiung Auschwitz' ging die Hälfte dieser Dokumente an den polnischen Richter Jan Sehn, der einen Prozess gegen die SS-Kriegsverbrecher plante, und die andere Hälfte an Archive der Geheimpolizei in Moskau.[1] Durch die überlieferten Akten und Baupläne der Planungsinstanz lassen sich der Baufortschritt und die alltäglichen Aufgaben der Architekten gut rekonstruieren. Diese Hausarbeit soll anhand der wichtigsten Architekten untersuchen, welche Aufgaben diese genau hatten und wie das Selbstverständnis zu ihrer Arbeit war – Verstanden sie sich „nur" als Arbeitnehmer, die ihre Aufgaben zu erfüllen hatten, oder zeigten sie Eigeninitiative, wollten sie das „Projekt" optimieren? Um diesen Fragen nachzugehen, wird zuerst die Zentralbauleitung und deren Aufbau beschrieben, um im Nachgang am Beispiel einzelner Architekten zu analysieren, wie ihr beruflicher Werdegang war, wie sie ihren Arbeitsplatz in der Zentralbauleitung bekamen und vor allem, welche Aufgaben sie im Entstehungs- und Entwicklungskontext des Lagers übernahmen. Im Anschluss wird erörtert, welches Eigenbild die Architekten in Bezug auf ihre Arbeit hatten, indem besonders untersucht wird, welche von ihnen eigeninitiierte Optimierungsansätze einbrachten. Im Fazit wird zusammengefasst werden, inwieweit Architekten in Auschwitz also bewusst den Holocaust mitgestaltet haben. Als wichtige Forschungsliteratur werden vor allem die Werke von Jan van Pelt und Debórah Dwork[2], Niels Gutschow[3] und Rainer Fröbe[4] einfließen.

---

[1]Vgl.: van Pelt, Robert-Jan/ Dwork, Debórah: Auschwitz, Von 1270 bis heute. Aus dem Englischen von Klaus Rupprecht, Zürich 1998, S. 10.
[2]Vgl.: Ebd.
[3]Vgl.: Gutschow, Niels: Ordnungswahn. Architekten planen im „eingedeutschten Osten" 1939-1945, Berlin 2001.
[4]Vgl.: Fröbe, Rainer: Bauen und Vernichten. Die Zentrale Bauleitung Auschwitz und die Endlösung, in: Gerlach, Christian (Hrsg.): "Durchschnittstäter" – Handeln und Motivation, Beiträge zur Geschichte des Nationalsozialismus 16, Berlin 2000, S. 155-209, S. 169.

2. „Die Zentralbauleitung der Waffen-SS und Polizei Auschwitz" - Aufbau und Aufgaben

Als Heinrich Himmler am 27.04.1940 die Errichtung eines Konzentrationslagers in Auschwitz anordnete, hatte dies zur Folge, dass durch das SS-Hauptamt Haushalt und Bauten eine entsprechende Stelle eingerichtet wurde und Rudolf Höß und fünf weitere Architekten und Bauingenieure zur Vorbereitung der anstehenden Baumaßnahmen entsendet wurden.[5] Unter der Leitung des Architekten August Schlachter entstand die sogenannte „SS-Neubauleitung in Auschwitz O/S" (Ost-Oberschlesien) und parallel dazu die „Sonderbauleitung für die Errichtung des Kriegsgefangenenlagers der Waffen-SS Auschwitz", deren Leiter der Baumeister Karl Bischoff war.[6] Als sich das IG-Farben Unternehmen im März 1941 für einen neuen Standort in Auschwitz entschloss, vergrößerte Höß das Architekturbüro im Lager[7] und im Oktober 1941 wurden die beiden Abteilungen unter der Leitung von Karl Bischoff zur „Zentralbauleitung der Waffen-SS und Polizei Auschwitz O/S" zusammengefasst.[8] Neben dem Chefarchitekt bekamen auch die später besonders herausragenden Architekten Walter Dejaco und Fritz Ertl zu dieser Zeit ihren Arbeitsplatz in der Abteilung, zusammen planten sie einen großen Ausbau.[9] Von Oktober 1941 bis zum Sommer 1944 halfen ihnen dabei mehr als 180 Angestellte und 20 Führungskräfte[10], hinzu kamen noch etwa 100 polnische Architekten, die Zwangsarbeit leisteten.[11] Ein Teil des Personals wurde aus SS-Wachmannschaften rekrutiert; insgesamt wurden die Angestellten laut Fröbe nach fachlichen und nicht nach ideologischen Merkmalen ausgewählt.[12] Das Büro der Zentralbauleitung befand sich in mehreren Baracken an der Ostseite des Stammlagers.[13] Grundsätzlich hatte die Zentralbauleitung alle Aufgaben bezüglich der Bauarbeiten inne; sie war der Bauherr, das Planungsbüro und das ausführende Amt, engagierte aber auch Privatfirmen.[14] Die Arbeiten wurden ausschließlich durch deutsche Firmen übernommen, so waren insgesamt etwa 500 Betriebe involviert.[15]

---

[5]Vgl.: van Pelt/ Dwork, Auschwitz, S. 182.

[6]Vgl.: Ebd., S. 300.

[7]Vgl.: van Pelt, Robert-Jan: Eine Architektur von Nichts, eine Architektur des Nichts. Ort, Bau und Raum in Auschwitz, in: Nerdinger, Winfried (Hrsg.): Architektur und Verbrechen. Die Rolle von Architekten im Nationalsozialismus. Kleine Bibliothek der Bayerischen Akademie der Schönen Künste Bd. 7, Göttingen 2014, S. 19-64, S. 38.

[8]Vgl.: van Pelt/ Dwork, Auschwitz, S. 182.

[9]Vgl.: van Pelt, Architektur, S. 38f.

[10]Vgl.: Fröbe, Bauen, S. 169.

[11]Vgl.: Gutschow, Ordnungswahn, S. 78.

[12]Vgl.: Fröbe, Bauen, S. 165f.

[13]Vgl.: Ebd., S. 156.

[14]Vgl.: van Pelt/ Dwork, Auschwitz, S. 300.

[15]Vgl.: Steinbacher, Sybille: „Musterstadt" Auschwitz. Germanisierungspolitik und Judenmord in Ostoberschlesien, München 2000, S. 183f.

Außerdem gab es unterschiedliche Werkstätten, wie eine Tischlerei, eine Schlosserei, eine Malerei, eine Glaserei, eine Elektrowerkstatt und einen Dachdeckerbetrieb, in denen Häftlinge aus Arbeitskommandos arbeiteten.[16] Die Bauleitung war unterteilt in die Abteilungen Hochbau und Wasserversorgung, die Vermesserabteilung und eine allgemeine Abteilung. Die allgemeine Abteilung hatte die Materialbewirtschaftung und den Bau der Unterkünfte für die SS-Besatzung zur Aufgabe, die Abteilung Hochbau war zuständig für die Bauentwürfe und Kostenvoranschläge und hatte das Planungsbüro inne, dessen Leiter Walter Dejaco war.[17]

3. Architekten der Planungsinstanz im Konzentrationslager Auschwitz

3.1 Herkunft und Ausbildung

Der Architekt Fritz Ertl wurde am 31.08.1908 in Breitbrunn bei Linz geboren[18] und stammte aus einer gutsituierten Familie von Architekten und Bauunternehmern.[19] Nach dem Studium in Salzburg und Dessau[20], legte er sein Diplom 1931 in der Architekturabteilung des Bauhauses in Dessau ab.[21] Anschließend war er im familiären Baugeschäft in Breitbrunn tätig und schloss die Baumeisterprüfung 1934 ab. Nach dem Tod seines Vaters 1935 übernahmen er und sein Bruder den Familienbetrieb.[22]

Ebenfalls aus Österreich stammend wurde Walter Dejaco am 19.06.1909 in Mühlau bei Innsbruck geboren.[23] Nach dem Diplom in Architektur 1930 auf der Innsbrucker Bauschule[24] in der Abteilung für Hochbau[25] war er als Bauingenieur und später als Architekt tätig.[26] Durch die Weltwirtschaftskrise konnte er lange Zeit nicht in seiner erlernten Tätigkeit arbeiten und übte den Beruf des Skilehrers aus.[27]

---

[16]Vgl.: van Pelt/ Dwork, Auschwitz, S. 304.
[17]Vgl.: Ebd., S. 302f.
[18]Vgl.: Klee, Ernst: Art. „Ertl, Fritz", in: Auschwitz. Täter, Gehilfen, Opfer und was aus ihnen wurde. Ein Personenlexikon, Frankfurt am Main 2013, S. 110.
[19]Vgl.: Stimpel, Roland: Tiefpunkt der Architekturgeschichte. Architekten in Auschwitz, in: Deutsches Architektenblatt, 01.12.2011, URL: http://dabonline.de/2011/12/01/tiefpunkt-der-architekturgeschichte (11.03.2017).
[20]Vgl.: Ebd.
[21]Vgl.: Schafranek, Hans: Eine unbekannte NS-Tätergruppe: Biografische Skizzen zu österreichischen Angehörigen der 8. SS-Totenkopf-Standarte (1939–1941), in: Dokumentationsarchiv des österreichischen Widerstandes (Hrsg.): Täter. Österreichische Akteure im Nationalsozialismus, Wien 2014, S. 79–105, S. 97.
[22]Vgl.: Ebd.
[23]Vgl.: Klee, Art. „Dejaco, Walter", S. 88f.
[24]Vgl.: Stimpel, Tiefpunkt (online).
[25]Vgl.: Schafranek, NS-Tätergruppe, S. 94.
[26]Vgl.: van Pelt/ Dwork, Auschwitz, S. 303.
[27]Vgl.: Schafranek, NS-Tätergruppe, S. 94f.

Beide waren dem Chefarchitekten Karl Bischoff unterstellt, der am 09.08.1897 in Neuhemsbach im heutigen Rheinland-Pfalz geboren wurde, gelernter Baumeister war und auf Eisenbahnbaustellen arbeitete.[28] Der bereits erwähnte anfängliche Leiter der Neubauleitung, August Schlachter, wurde am 25.01.1901 in Barabein in Württemberg geboren. Nach dem Studium des Bauingenieurwesens arbeitete er als Architekt und Bauingenieur in Biberach.[29] Nach Bischoff wurde Werner Jothann Chefarchitekt, der am 18.05.1907 in Edlenberg in Mecklenburg geboren wurde und ebenfalls Bauingenieur war.[30]

Nicht in der Zentralbauleitung tätig, aber trotzdem erwähnenswert für diese Arbeit sind Hans Kammler, der 1901 in Stettin geboren wurde und 1932 seinen Doktor des Ingenieurwesens an der Technischen Hochschule Hannover machte[31] und Hans Stosberg, der 1903 geboren wurde und ebenfalls promovierter Architekt der Technischen Hochschule Hannover war, wo er sein Studium 1928 abschloss. Anschließend war er tätig im Stadtplanungsamt Breslau.[32] Außerdem wichtig ist Kurt Prüfer, Oberingenieur und Angestellter der Firma „Topf & Söhne" in Erfurt[33].

3.2 Beruflicher Werdegang im Nationalsozialismus und Aufstieg in die Zentralbauleitung

Im April 1938, kurz nachdem Deutschland in Österreich einmarschiert war, trat Fritz Ertl der Allgemeinen SS und einen Monat später auch der NSDAP bei. Dort war er ehrenamtlich im Wirtschaftsbeirat des Bauwesens als Sachbearbeiter tätig.[34] Höchstwahrscheinlich war er aber bereits vorher ein in Österreich illegales Mitglied der NSDAP.[35] Nach Kriegsbeginn meldete er sich freiwillig zur Waffen-SS und wurde am 15.11.1939 nach Krakau versetzt.[36] Am 27.05.1940 wurde er zur Zentralbauleitung nach Auschwitz kommandiert[37], laut Pressac aufgrund seiner Kompetenzen.[38] Es mag ihm wohl aber als „komfortabler Job in Kriegszeiten"[39] entgegen gekommen sein.

---

[28]Vgl.: Klee, Art. „Bischoff, Karl", S. 49.
[29]Vgl.: Ebd., Art. „Schlachter, August", S. 354f.
[30]Vgl.: Ebd., Art. „Jothann, Werner", S. 201.
[31]Vgl.: Stimpel, Tiefpunkt (online).
[32]Vgl.: Klee, Art. „Stosberg, Hans", S. 393.
[33]Vgl.: Ebd., Art. „Prüfer, Kurt", S. 323f.
[34]Vgl.: Gutschow, Ordnungswahn, S. 186.
[35]Vgl.: Schafranek, NS-Tätergruppe, S. 98.
[36]Vgl.: Ebd. und auch Gutschow, Ordnungswahn, S. 186.
[37]Vgl.: Klee, Art. „Ertl, Fritz", S. 110.
[38]Vgl.: Pressac, Jean-Claude: Die Krematorien von Auschwitz. Die Technik des Massenmordes, München 1994, S. 176.
[39]Stimpel, Tiefpunkt (online).

Sein österreichischer Kollege Walter Dejaco war unbestritten als illegales Mitglied seit 1933 in der NSDAP und in der SS tätig und wurde deshalb 1934 zu einer fünfmonatigen Haftstrafe verurteilt.[40] Am 15.11.1939 trat er der Waffen-SS bei[41], meldete sich ebenfalls freiwillig zum Kriegsdienst und wurde wie Ertl nach Krakau versetzt.[42] Dejaco wurde einige Tage nach Ertl, am 06.06.1940, nach Auschwitz beordert.[43] Dort erhielt er seine erste Architektenstelle mit Eigenkompetenz.[44]

Hans Kammler war seit 1931 Mitglied der NSDAP und seit 1933 in der SS, wo er zuerst im Reichsernährungsministerium tätig war. Ab 1936 war er tätig im Reichsluftfahrtministerium, ab 1941 war er Chef des Bauwesens im SS-Hauptamt Verwaltung und Wirtschaft. Seit 1942 war er dort Leiter der Amtsgruppe C (Bauwesen), in der er für alle Bauvorhaben von Konzentrationslagern zuständig war.[45] Besonders durch letztere Position war er für die Baumaßnahmen in Auschwitz äußerst relevant.

August Schlachter trat 1933 in die NSDAP und in die SS ein und war seit 1939 beim SS Hauptamt Haushalt und Bauten. Er war von Mai 1940 bis Oktober 1941 Chef der SS-Neubauleitung in Auschwitz, bis ihn Bischoff ablöste. Im Anschluss daran wurde er Chef der Bauleitung in Natzweiler, wo er aber auch nur ein Jahr beschäftigt war.[46]

Karl Bischoff war seit 1932 Mitglied in der NSDAP und in der SS und im SS-Wirtschaftsverwaltungshauptamt tätig.[47] Außerdem war er bei der Luftwaffe als Untergebener Kammlers für den Bau von Flugplätzen in der Schlacht um England zuständig. Dort schien er Kammler wohl von seiner Arbeit überzeugt zu haben, denn als man der Meinung war, dass Schlachter seiner Aufgabe als Chefarchitekt zu langsam nachkam, forderte Kammler Bischoff als neuen Leiter an.[48] Bischoff war seit dem 01.10.1941 Chef in der „Sonderbauleitung für die Errichtung des Kriegsgefangenenlagers der Waffen-SS Auschwitz"[49] und wurde auf Kammlers Geheiß am 15.10.1941 Leiter der neu errichteten „Zentralbauleitung der Waffen-SS und Polizei Auschwitz".[50] Er verließ Auschwitz am 01.11.1943 und wurde Chef der Bauinspektion der Waffen-SS und Polizei Schlesiens.[51]

---

[40] Vgl.: Schafranek, NS-Tätergruppe, S. 95.
[41] Vgl.: van Pelt/ Dwork, Auschwitz, S. 303.
[42] Vgl.: Schafranek, NS-Tätergruppe, S. 96.
[43] Vgl.: van Pelt/ Dwork, Auschwitz, S. 303.
[44] Vgl.: Stimpel, Tiefpunkt (online).
[45] Vgl.: Klee, Art. „Kammler, Hans", S. 205f.
[46] Vgl.: Ebd., Art. „Schlachter, August", S. 354f.
[47] Vgl.: Ebd., Art. „Bischoff, Karl", S. 49.
[48] Vgl.: van Pelt/ Dwork, Auschwitz, S. 233.
[49] Vgl.: Ebd., S. 301.
[50] Vgl.: Klee, Art. „Bischoff, Karl", S. 49.
[51] Vgl.: Ebd.

Sein Nachfolger wurde, wie erwähnt, Werner Jothann, der seit 1933 in der SS und seit 1937 in der NSDAP war.[52] Im April 1941 wurde er zur SS-Wachkompanie nach Auschwitz versetzt und seit 1942 war er Bischoff für umfangreichere Bauvorhaben zur Seite gestellt[53], wobei er sich wohl gut engagierte, wurde er doch am 01.11.1943 als neuer Chef ausgewählt.

Der Stadtplaner Hans Stosberg trat 1937 in die NSDAP ein und war als einziger der hier Vorgestellen kein Mitglied der SS. Von Ende 1941 bis Anfang 1943 war er der Sonderbeauftragte für den Generalbebauungsplan der Stadt Auschwitz.[54]

Man sieht, dass selbstverständlich alle diese Architekten und Ingenieure Mitglieder der NSDAP und vorwiegend auch der SS waren. Für den Österreicher Dejaco - und wahrscheinlich auch für seinen Kollegen Ertl - lässt sich aber zudem die Besonderheit ausmachen, dass sie zuerst ein illegales Mitglied der NSDAP waren und sogar die Gefahr einer Haftstrafe auf sich nahmen, die schließlich bei Dejaco auch nicht ausblieb. Beide meldeten sich zudem freiwillig für den Kriegseinsatz, daher kann man zu ihnen wohl sagen, dass sie besonders für den Nationalsozialismus und dessen Ideologien einstanden.

3.3 Tätigkeiten und Aufgaben

3.3.1 Die Lagerplanung

Das Konzentrationslager in Auschwitz wurde ursprünglich errichtet, um die systematische Unterdrückung der polnischen Bevölkerung in den deutsch besetzten Gebieten Polens zu erleichtern.[55] Dabei sollte das Lager als Durchgangslager für verhaftete Polen dienen, die als Arbeitskräfte zu Lagern im Westen transportiert werden sollten.[56] Als Grundlage für den Bau des Lagers bot sich eine alte Basis der polnischen Armee im Vorort Zasole an. Die deutsche Wehrmacht nahm diese Basis ein und ein Landvermesser zeichnete einen Plan davon (siehe Abbildung 1).[57] Dieser Plan erreichte einen SS-Beamten in Breslau, der auf der Suche nach einem geeigneten KZ-Standort war. Am 27.04.1940 fiel dann der Entscheid von Himmler, ein Konzentrationslager in Zasole zu errichten, Rudolf Höß wurde zu dessen Kommandanten ernannt und zusammen mit fünf SS-Leuten zur Vorbereitung der Baumaßnahmen entsendet.[58] Diese „Neubauleitung" zeichnete zuerst

---

[52]Vgl.: Ebd., Art. „Jothann, Werner", S. 201.
[53]Vgl.: Ebd.
[54]Vgl.: Ebd., Art. „Stosberg, Hans", S. 393.
[55]Vgl.: van Pelt, Architektur, S. 21.
[56]Vgl.: van Pelt/ Dwork, Auschwitz, S. 190.
[57]Vgl.: van Pelt, Architektur, S. 32.
[58]Vgl.: Ebd., S. 33.

Pläne für einen Stacheldraht, Wachttürme (siehe Abbildung 2) und Hundezwinger rund um die Basis und entwarf außerdem ein Gefängnis für Häftlinge, die sich nicht an die Regeln hielten. Im Keller dieses Gefängnis' wurden vier Stehzellen für jeweils vier Leute gebaut (siehe Abbildung 3).[59] Im Mai 1940 trafen dann die ersten Transporte mit polnischen Häftlingen ein; zu diesem Zeitpunkt entstand auch das bekannte Eingangstor des Stammlagers.[60]

Der Leiter der Neubauleitung, Schlachter, hatte in der Anfangsphase allerdings große Probleme, Baumaterial zu beschaffen. Zwar standen ihm zwei Millionen Reichsmark Budget zur Verfügung, um wie geplant die 20 Backsteingebäude umzubauen und Büros, ein Krankenhaus, Wachttürme, Garagen, Heulager und ein Krematorium zu bauen, jedoch konnte kein Baumaterial besorgt werden, da die nötigen Genehmigungen, wie Einkaufs- und Transportberechtigungen, fehlten. So wurden fürs Erste 30 Häftlinge entsendet, um ein altes Lager auszuschlachten.[61] Auf Schlachters Hilfegesuch an Höß reagierte dieser vorerst nicht.[62] Im Oktober übersandte Höß schließlich die Genehmigungen für die Baustofflieferungen, in einem Bericht Schlachters vom 04.10.1940 kommentiert dieser dies mit der Aussage „der Bau kann beginnen"[63]. Als Grund für die plötzliche Genehmigung gilt der Besuch des Oswald Pohl im September 1940 in Auschwitz. Dieser gab den Befehl, die 14 einstöckigen Gebäude aufzustocken, um das Konzentrationslager in Ostoberschlesien für 10.000 Häftlinge zur Nutzung bereit zu machen.[64] Pohl hatte die Sand- und Kiesgruben in und um Auschwitz entdeckt und befal deshalb, das Lager zu vergrößern. Es sollte nicht mehr nur als Durchgangslager, sondern für eine permanente Zwangsarbeiterschaft dienen.[65]

Die beiden ersten Projekte, die tatsächlich umgesetzt wurden, waren das Lagergefängnis mit den Stehzellen und der bekannten schwarzen Wand für Erschießungen, außerdem das Krematorium.[66] Noch im Oktober 1940 wurde dann auch der erste Doppelmuffelofen der Firma Topf & Söhne im ehemaligen Munitionsdepot mit einer dazugehörigen Leichenhalle und einem Kohlenlager installiert (siehe Abbildung 4).[67] Aufgrund von Knappheit der Baumaterialien beschränkte man sich also vorerst auf die „wichtigsten" Sachen.

---

[59]Vgl.: Ebd., S. 35.
[60]Vgl.: van Pelt/ Dwork, Auschwitz, S. 182f.
[61]Vgl.: Ebd.
[62]Vgl.: van Pelt/ Dwork, Auschwitz, S. 184.
[63]Zit. nach: van Pelt/ Dwork, Auschwitz, S. 184.
[64]Vgl.: van Pelt/ Dwork, Auschwitz, S. 184.
[65]Vgl.: Ebd., S. 190.
[66]Vgl.: Ebd., S. 192.
[67]Vgl.: van Pelt, Architektur, S. 35.

Nachdem sich die SS und das IG-Farben Unternehmen im März 1941 über ihre Zusammenarbeit geeinigt hatten, wurde ein großer Ausbau des Lagers geplant. 32 neue, zweistöckige Baracken sollten entstehen, zudem ein großer Appellplatz, eine neue Küche, ein Badehaus, ein Krankenhaus und ein Lagergefängnis (siehe Abbildung 5). Alle paar Monate entstanden neue, größere Pläne.[68] Nach der Erweiterung sollte das Lager 30.000 Häftlinge fassen können (siehe Abbildung 6).[69] Hans Kammler entwarf im Sommer 1941 standardisierte Pläne für Konzentrationslager, mit diesen verglichen waren die der Architekten in Auschwitz schier größenwahnsinnig.[70] Er empfahl den Bau von 30 zweigeschossigen Baracken, einer Entlausungsanlage, einer Wäscherei, Garagen, einem Wohngebäude für Offiziere, einem Abwassersystem, Straßen und Büros für die Bauleitung.[71] In Kammlers Plänen nicht aufgezeigt, aber in denen der Auschwitzer Architekten, die inzwischen unter der Leitung von Bischoff arbeiteten, war eine sogenannte „Sonderbaracke" (ein Bordell, siehe Abbildung 7) und ein neues Krematorium. Dieses Krematorium (das Krematorium II) wurde zusammen von Kurt Prüfer und Walter Dejaco entwickelt. In nur wenigen Tagen planten sie einen Dreimuffelofen, der 250 Leichen pro Tag verbrennen sollte, von diesem Modell sollten fünf Stück installiert werden. Außerdem beinhaltete der Plan eine Leichenhalle mit -rutsche, ein Kohlenlager und eine Topf-Müllverbrennungsanlage (siehe Abbildung 8). Dieser Entwurf wurde später ähnlich umgesetzt, aber nicht, wie geplant, neben dem alten Krematorium I im Stammlager, sondern in Birkenau.[72]

Der Plan eines zweiten Lagers in Birkenau wurde seit März 1941 angedacht, als Himmler Auschwitz aufgrund des Vertrages mit der IG-Farben besuchte.[73] Himmler wollte dem Unternehmen nicht nur Versprechen geben, sondern auch Taten bieten und ließ so ein neues Lager mit einer Kapazität von 100.000 Insassen planen.[74] Gedacht war, die sowjetischen Kriegsgefangenen, deren Ankunft man in einigen Monaten erwartete, dort unterzubringen und sie den IG-Farben als Arbeitskräfte zur Verfügung zu stellen. Die tatsächlichen Planungen dieses neuen Lagers begannen im Oktober 1941.[75]

---

[68]Vgl.: Ebd., S. 39.
[69]Vgl.: van Pelt/ Dwork, Auschwitz, S. 232.
[70]Vgl.: van Pelt, Architektur, S. 40.
[71]Vgl.: van Pelt/ Dwork, Auschwitz, S. 232.
[72]Vgl.: van Pelt, Architektur, S. 41-43.
[73]Vgl.: Ebd., S. 44.
[74]Vgl.: van Pelt/ Dwork, Auschwitz, S. 281.
[75]Vgl.: van Pelt, Architektur, S. 44.

Die erste Skizze für Birkenau stammte von Ertl, der ein großes Quarantänelager, durch eine neutrale Zone getrennt vom Kriegsgefangenenlager, plante (siehe Abbildung 9). Wenige Tage später gab es einen neuen Plan von ihm, die neutrale Zone beinhaltete nun einen Bahnhof und ein Torhaus und das große Lager auf der rechten Seite war nun durch Stacheldraht in zwölf kleine Lager unterteilt (siehe Abbildung 10).[76] Die Menschen sollten in Regalen schlafen; in jedem Regal drei Menschen übereinander. Eine Woche nach diesem Plan kündigte Himmler an, dass anstatt 100.000 Gefangenen 125.000 erwartet würden und so zeichnete Bischoff in Ertls Plan einfach vier anstatt drei Menschen pro Regal ein. Eine Baracke fasste so 748 anstatt 550 Männern (siehe Abbildung 11).[77] Außerdem zeichnete Bischoff neue Untereinheiten ein und teilte das Gefangenenlager in ein Männerlager, ein Frauenlager, ein Zigeunerlager und ein Familienlager. Laut Ertls Plan vom Oktober 1941 sollten die Baracken aus Ziegeln von abgerissenen Bauernhäusern entstehen, aufgrund der Materialknappheit findet sich im Dezember 1941 aber ein neuer Plan Ertls, in dem die meisten Baracken nun aus Holz-Pferdeställen bestehen.[78] Theoretisch konnte ein solcher Pferdestall 48 Pferde und umgerechnet 196 Gefangene beherbergen, in der Praxis waren es aber oft mehr als 400 Häftlinge, die sich einen solchen Stall teilten.[79]

Dieser Plan war mit einem Kostenvoranschlag von 13,6 Millionen Reichsmark für die erste Phase und nochmals sieben Millionen Reichsmark für die Finalisierung berechnet worden, wegen des Krieges stand aber nur ein Budget von zwei Millionen Reichsmark zur Verfügung.[80] So entwarf Bischoff zwei weitere Pläne, der erste sollte mit Material aus IG-Farben Lieferungen umgesetzt werden und benötigte 2,02 Millionen Reichsmark und der zweite benötigte 20,6 Millionen Reichsmark und war von Größenwahn geprägt.[81] Er enthielt unter anderem eine eigene Wohnsiedlung der Architekten und ein großes Gebäude der Kommandantur, mit einer Empfangshalle, einem Saal, einem Casino, sogar Wandgestaltungen und Möbel waren bis ins kleinste Detail schon geplant (siehe Abbildung 12).[82] Diese Pläne zeugen von dem durch die IG-Farben erwarteten Reichtum.

Als die ersten 10.000 sowjetischen Kriegsgefangenen Anfang Oktober 1941 eintrafen, gab es noch kein Lager für sie. Viele starben im Winter 1941/42 und Bischoff fing schließlich ohne vorliegende Genehmigung an, Birkenau zu bauen.[83] Der Bau wurde von den

---

[76] Vgl.: Ebd.
[77] Vgl.: Ebd., S. 47-48.
[78] Vgl.: Ebd.
[79] Vgl.: Ebd.
[80] Vgl.: van Pelt/ Dwork, Auschwitz, S. 237.
[81] Vgl.: Ebd.
[82] Vgl.: Ebd., S. 247-253.
[83] Vgl.: Ebd., S. 291.

völlig unterernährten Kriegsgefangenen unter schlimmsten Bedingungen durchgeführt.[84] Die fertigen Pferdeställe trafen erst im Frühsommer 1942 ein.[85]

Eines der wenigen Dinge, die von Bischoffs Plan realisiert wurden, war das Häftlingsaufnahmegebäude (siehe Abbildung 13).[86] Kammler hatte einen Entwurf für standardisierte Entlausungsanlagen bereitgestellt, da man Läuse von den sowjetischen Kriegsgefangenen erwartete. Für die Entlausung wurden große Mengen Zyklon B besorgt.[87] Im Januar 1942 gab es allerdings eine schlechte Nachricht bezüglich der Sowjets für Himmler. Göring bestimmte, dass sowjetische Kriegsgefangene nicht in der Bauindustrie eingesetzt werden durften.[88] In der Wannsee-Konferenz zwei Wochen später bekam Himmler allerdings die Verfügung über die europäischen Juden und informierte Höß, dass er diese nun nach Auschwitz als Arbeitskräfte schicken würde.[89] Im Gegensatz zu überwiegend arbeitskräftigen Kriegsgefangenen beinhaltete die Gruppe der Juden aber auch Alte und Kinder[90], weshalb man sich zu diesem Zeitpunkt Gedanken darüber machen musste, was mit diesen geschehen sollte.

Der erste „Familientransport" von Juden aus der Slowakei traf am 29.04.1942 in Auschwitz ein. Hier wurde erstmals eine Selektion vorgenommen und arbeitsunfähige Menschen wurden sofort vergast, anfangs noch im Krematorium I im Stammlager.[91] Die erste Vergasung im Stammlager erfolgte am 02.09.1941 in Kellerräumen des Block 13 und nach einigen Versuchen baute man den Leichenkeller des Krematoriums in eine Gaskammer um. Die erste Vergasung hier erfolgte am 16.09.1941, allerdings waren die Umbauten nur provisorisch.[92]

Im Februar 1942, bei einem Besuch Kammlers, wurde entschieden, das Krematorium II, das planmäßig neben dem Krematorium I im Stammlager gebaut werden sollte, nun in Birkenau zu bauen.[93] Der Bau begann im August 1942 und innerhalb weniger Monate folgten die Krematorien III, IV und V.[94] Die Krematorien II und III wurden dabei nach dem Plan von Dejaco und Prüfer gebaut, jedoch war deren ursprünglicher Entwurf nicht zum Töten von Menschen vorgesehen. Zu diesem Zweck wandelten Bischoff und Dejaco

---

[84]Vgl.: Fröbe, Bauen, S. 159.
[85]Vgl.: van Pelt/ Dwork, Auschwitz, S. 301.
[86]Vgl.: Ebd., S. 245.
[87]Vgl.: van Pelt, Architektur, S. 45f.
[88]Vgl.: Ebd., S. 51.
[89]Vgl.: Ebd.
[90]Vgl.: Ebd.
[91]Vgl.: Fröbe, Bauen, S. 160.
[92]Vgl.: Ebd., S. 174.
[93]Vgl.: Ebd., S. 159.
[94]Vgl.: Ebd., S. 161.

den ersten Leichenkeller in eine Gaskammer um und statteten ihn mit einem Be- und Entlüftungssystem von Topf & Söhne und Gassäulen aus. Die vorgesehene Leichenrutsche verschwand, anstatt dieser findet sich nun eine Treppe in den Zeichnungen, die noch lebende Menschen herabsteigen sollten. Außerdem sollten sich die Türen nun nicht mehr nach innen, sondern nach außen öffnen. Der zweite Leichenkeller wurde zu einem Auskleideraum umfunktioniert, außerdem wurde ein Autopsieraum für Ärzte eingerichtet (siehe Abbildung 14).[95] Die Krematorien IV und V wurden etwas vereinfacht, hier gab es keinen Autopsieraum (siehe Abbildung 15).[96] Die Fertigstellung der Krematorien verzögerte sich zunächst, die Massenvernichtungen begannen im März 1943. Täglich konnten dort über 4000 Menschen vergast werden.

Allerdings waren die Krematorien III, IV und V bei Kammlers Besuch im Februar 1942 noch gar nicht vorgesehen. Sie entstanden wegen eines geplanten Rüstungsgeschäftes in Auschwitz, durch das die vorgegebene Lagerkapazität kurzzeitig auf 200.000 aufgestockt worden war, jedoch wurde dieser Plan storniert, nachdem sich herausstellte, dass ähnliche Vorhaben in Buchenwald und Neuengamme gescheitert waren. Die Krematorien waren allerdings schon im Bau und die „überschüssige Einäscherungskapazität" könnte nun im Rahmen der „Endlösung" verwendet werden.[97]

Um die Aufgaben der einzelnen vorgestellten Architekten zusammenzufassen, lässt sich zu Ertl sagen, dass er grundsätzlich für die Planung und den Bau der Krematorien zuständig war. Zunächst war er Leiter der technischen Abteilung[98], dann der Leiter der Abteilung Hochbau[99] und ab Januar 1942 Stellvertreter Bischoffs.[100]

Dejaco leitete das Planungsbüro in der Abteilung Hochbau, war also Ertl untergestellt. Er war ebenfalls vor allem an der Planung und am Bau der Krematorien beteiligt[101], außerdem entwarf er aber auch zum Beispiel das Gebäude, in dem die Zentralbauleitung arbeitete. Ab Januar 1943, als Ertl Auschwitz verließ, war Dejaco Bischoffs Stellvertreter.[102] Er und Ertl waren zweifelsohne Bischoffs wichtigste Architekten.

---

[95]Vgl.: van Pelt, Architektur, S. 54.
[96]Vgl.: van Pelt, Architektur, S. 53.
[97]Vgl.: van Pelt/ Dwork, Auschwitz, S. 237. Fröbe hingegen ist der Meinung, dass das geplante Rüstungsgeschäft mit dieser Entwicklung nichts zu tun gehabt habe, sondern, dass Kammler und Himmler bei einer Besichtigung einer Vergasung in Bełżec die „Endlösung" neu definiert hätten und ein Zusammenhang mit der wenige Tage später geplanten Erweiterung auf 200.000 Inhaftierte besteht (vgl.: Fröbe, Bauen, S. 161).
[98]Vgl.: Fröbe, Bauen, S. 184.
[99]Vgl.: Klee, Art. „Ertl, Fritz", S. 110.
[100] Vgl.: Schafranek, NS-Tätergruppe, S. 98.
[101] Vgl.: Klee, Art. „Dejaco, Walter", S. 88f.
[102] Vgl.: Stimpel, Tiefpunkt (online).

Hans Kammler arbeitete hauptsächlich von Berlin aus, gab den Architekten in Auschwitz Anweisungen und half ihnen, wie beschrieben, mit standardisierten Plänen von Konzentrationslagern. Allerdings war er auch öfter zu Besuchen in Auschwitz vor Ort, besichtigte auch eine Vergasung.[103]

Koordiniert und verbessert wurde das Ganze von den drei aufeinanderfolgenden Chefarchitekten Schlachter, Bischoff und Jothann. Schlachter hatte, wie beschrieben, in der Anfangsphase große Probleme mit der Materialbeschaffung. Er ebnete den Weg zur Zusammenarbeit mit der Firma Topf & Söhne und führte bereits im August 1940 mit diesen eine Probeeinäscherung durch.[104] Als es um die große Erweiterung des Lagers und den Bau in Birkenau ging, war man mit seiner Arbeit nicht mehr zufrieden und entließ ihn.[105] In seinem Entlassungsschreiben schreibt Kammler an ihn:

> „Der Fortgang der Baumassnahmen in Auschwitz hat mir bereits seit mehreren Monaten Sorge bereitet. Trotz Ihrer Bemühung [sic] ist es Ihnen nicht gelungen, die vordringlichsten Baumassnahmen so zu fördern, daß die Bedürfnisse des KL's auch nur einigermassen erfüllt werden konnten. Auch die Vorlagen der von der Bauleitung aufgestellten Planungen konnte, wie ich Ihnen bereits mündlich mehrfach betonte, nicht befriedigen [sic]. Ich habe deshalb beschlossen, mit Rücksicht auf die bereits befohlenen Sofortmassnahmen (Kriegsgefangenenlager) und die zukünftigen Großbauaufgaben des nächsten Jahres, die Bauleitung neu zu besetzen und Sie an anderer Stelle als Bauleiter zum Einsatz zu bringen."[106]

Die Planung von Birkenau leitete dann Bischoff, bekannt vor allem durch seine „einfache Lösung" bei der Erweiterung auf 125.000 Insassen, indem er einfach vier anstatt drei Menschen pro Bett einplante.[107]

Kurt Prüfer von der Firma Topf & Söhne war der Leiter der internen Abteilung „Spezialofenbau" und entwickelte und installierte Krematorien in diversen Konzentrationslagern. Er war mehrfach in Auschwitz vor Ort und hielt Konferenzen mit der Zentralbauleitung ab.[108]

3.3.2 Die Stadtplanung

An dieser Stelle soll auch kurz auf die Aufgaben des Hans Stosberg bei der Stadtplanung Auschwitz' eingegangen werden.[109] Noch bevor das Augenmerk auf den Aufbau eines Lagers im Vorort Zasole fiel, war es allerdings vorrangig der Plan, die Stadt Oświęcim

---

[103] Vgl.: Klee, Art. „Kammler, Hans", S. 205f.
[104] Vgl.: Ebd., Art. „Schlachter, August", S. 354f.
[105] Vgl.: van Pelt/ Dwork, Auschwitz, S. 233.
[106] Zit. nach: Fröbe, Bauen, S. 162.
[107] Vgl.: van Pelt, Architektur, S. 47.48.
[108] Vgl.: Klee, Art. „Prüfer, Kurt", S. 323f.
[109] Detaillierte Beschreibungen der Stadtplanung siehe: Steinbacher, Musterstadt.

auszubauen.[110] Mit dem Einfall in Polen 1939 begann das „Projekt", den Osten erneut deutsch zu besiedeln und die Deutschen besetzten die 1919 verloren gegangenen Gebiete. Damit Landwirte, Ingenieure, Ärzte und Beamte nach Polen ziehen konnten, planten Architekten neue Siedlungen.[111] Die Stadtplaner saßen dabei aber nicht vor Ort, sondern zeichneten in Berlin ihre Skizzen, sandten diese zur Gutachtung zur Zentralbauleitung nach Auschwitz und diese sandten sie mit Kommentar wieder zurück nach Berlin.[112]

Noch im November 1939 wurde die Stadt in Auschwitz umbenannt, der Markt in den „Adolf-Hitler-Platz", ein deutscher Bürgermeister wurde in sein Amt eingeführt und Geschäfte mit deutscher Beschilderung versehen.[113] Im Dezember 1940 wurde von Hans Stosberg die erste Strukturskizze zum Generalbebauungsplan erstellt (siehe Abbildung 16) und er wurde weiterhin beauftragt, Raumordnungsskizzen für 15 Gemeinden in Ostoberschlesien für 100.000 Heimkehrer aus der Bukowina anzufertigen.[114] Zum selben Zweck wurde um das damals bestehende Stammlager Auschwitz in einem Umkreis von 40 Quadratkilometern das sogenannte „Interessengebiet Auschwitz" abgesteckt (siehe Abbildung 17).[115]Die Pläne wurden öffentlich vorgestellt, weil aber die meisten Männer an der Front waren, beschloss Hitler, mit der Besiedlung bis nach dem Krieg zu warten.[116]

Als sich die IG-Farben Anfang 1941 noch unsicher bezüglich der Standortwahl ihres neuen Buna-Werkes waren, befahl Himmler Stosberg, Pläne für eine Industriestadt zu entwerfen. In diesen Plänen wollte Stosberg die Stadt wieder in ihrem deutschen Kern herstellen (siehe Abbildung 18).[117]

---

[110] Vgl.: van Pelt, Architektur, S. 38.
[111] Vgl.: Ebd., S. 27.
[112] Vgl.: van Pelt/ Dwork, Auschwitz, Tafelteil.
[113] Vgl.: van Pelt, Architektur, S. 32.
[114] Vgl.: Gutschow, Niels: Eindeutschung. Deutsche Architekten, Stadt- und Raumplaner im Osten 1939-1945, in: Nerdinger, Winfried (Hrsg.): Architektur und Verbrechen. Die Rolle von Architekten im Nationalsozialismus. Kleine Bibliothek der Bayerischen Akademie der Schönen Künste Bd. 7, Göttingen 2014, S. 93-150, S. 138.
[115] Vgl.: van Pelt, Architektur, S. 36.
[116] Vgl.: Ebd., S. 28.
[117] Vgl.: Ebd., S. 36.

4. Selbstverständnis der Architekten in Bezug auf ihre Arbeit – Optimierungs-maßnahmen

Man kann sagen, dass die Zentralbauleitung in Auschwitz im Grunde natürlich nur ein ausführendes Organ war, das Befehle von weiter oben befolgte. Jedoch lässt sich an einzelnen Architekten ausmachen, dass das Selbstverständnis zu ihrer Arbeit vom national-sozialistischen Interesse geprägt war und sie die Bauvorhaben eigenständig und bewusst optimierten.

So ist die Firma Topf & Söhne ein erstes gutes Beispiel hierfür, da sie, um den Vertrag mit der SS zu erhalten, dazu bereit war, ihre Öfen noch effizienter zu gestalten, obwohl dies bedeutete, gegen das deutsche Gesetz zu verstoßen. Dieses besagte nämlich, dass die Asche der einzelnen Menschen nach der Verbrennung ihrer Leichen noch identifizierbar sein müsse[118], was am Schauplatz des Massenmordes, in Auschwitz, natürlich nicht mehr der Fall war. Die Firma steckte seit Beginn des zweiten Weltkriegs in einer finanziellen Krise – den Betrieb zu retten setzten sie über die eigene Moralität.[119] Sie brachten neue Innovationen, wie eine erhöhte Anzahl der Muffeln und eine neue Einäscherungsmethode[120] hervor, meldeten sogar ein Patent dafür an.[121] Dies zeigt entgültig, wie stolz sie auf ihre Arbeit waren. In einem Bericht des Kurt Prüfer schreibt dieser sogar, dass er viele der Innovationen in seiner Freizeit entwickelte.[122] Der Ehrgeiz des Mitarbeiters lässt sich nicht mit dem Argument der Distanz zum Tatort entschuldigen, da Prüfer oft zu Besprechungen in Auschwitz vor Ort war.

Auch bei Karl Bischoff lassen sich ähnliche Aspekte beobachten. Höß sagte später über ihn aus, dass er ein „eigensinniger Baufachmann" war und dass „kein anderer hätte mehr erreichen können".[123] Als die Genehmigung seiner Kostenvoranschläge für Birkenau auf sich warten ließen, begann er schließlich ohne Rückmeldung mit dem Bau.[124] Er hätte auch einfach auf die Anweisung zum Baubeginn warten können, aber seine Reaktion zeigt, dass er selbst von seinem Plan überzeugt war und ihn möglichst schnell in die Tat umge-setzt sehen wollte. Als die Lagerleitung die Vergasungen mit Zyklon B für zu ineffizient

---

[118] Vgl.: Schüle, Annegret: Technik ohne Moral, Geschäft ohne Verantwortung. Topf & Söhne – die Ofen-bauer von Auschwitz, in: Fritz Bauer Institut (Hrsg.): Im Labyrinth der Schuld. Täter – Opfer – Ankläger. Jahrbuch 2003 zur Geschichte und Wirkung des Holocaust, Frankfurt am Main 2003, S. 201f.
[119] Vgl.: Ebd., S. 202f.
[120] Die neue Einäscherungsmethode sah vor, dass die Flammen die Leiche direkt berührten. Regulär wurden Leichen durch ein Heißluftverfahren verbrannt, um dem Körper Respekt zu erweisen (vgl.: Ebd., S. 207).
[121] Vgl.: Ebd., S. 208.
[122] Vgl.: Ebd., S. 209.
[123] Zit. nach: van Pelt/ Dwork, Auschwitz, S. 233f.
[124] Vgl.: Ebd., S. 291.

empfand, setzte sich Bischoff mit Technikern der Deutschen Gesellschaft für Schädlings-bekämpfung zusammen und entschied mit diesen, die Gaskammern zu beheizen, da das Gas so schneller wirken konnte.[125] Die systematische Ermordung sollte optimiert werden, mehr Menschen sollten in kürzerer Zeit vernichtet werden.

In einem Prozess 1972 betonte Ertl, dass er das „Verbrecherische" seiner Arbeit erst in der zweiten Hälfte des Jahres 1942 erfasste und Auschwitz deshalb verließ.[126] Tatsächlich ging er im Januar 1943 an eine SS-Pionierschule, was aber wohl nicht auf späte Gewissensbisse zurückzuführen ist, sondern, durch einen Personal-Antrag bestätigt, auf eine Versetzung aufgrund der Mobilmachung von Walter von Unruh.[127] Ertl zeigte also keine eigene Initiative, Auschwitz zu verlassen. Auch er lieferte jederzeit bereitwillig Pläne, vor allem für den Ausbau Birkenaus, die er in der Anfangsphase immer wieder überholte und optimierte.

Walter Dejaco denunzierte Ertl sogar, um seinen Platz als Stellvertreter Bischoffs einnehmen zu können, was ihm auch gelang. Ertl hatte nämlich ein Kind mit einer Polin[128], was ein gelungener Anlass für Dejaco war, seinen Aufstieg in der Zentralbauleitung voranzubringen. Er war stets bemüht, die Krematorien zu verbessern. Im September 1942 reiste Dejaco zusammen mit Höß und Hößler ins Vernichtungslager Chelmno, um sich dort abzuschauen, wie man die Verbrennung der Leichen optimieren könnte. Empfohlen wurde ihm ein Verfahren, in dem man abwechselnd Leichen und benzingetränktes Holz stapelte. Dejaco zeichnete fleißig mit und setzte das Prinzip, zurück in Auschwitz, direkt um.[129]

Hans Kammler ist wohl das beste Beispiel, wenn es um Optimierungsmaßnahmen geht. Als Chef des SS-Hauptamts Haushalt und Bauten stellte er immer wieder neue, überarbeitete Musterbeispiele für den Aufbau von Konzentrationslagern zur Verfügung. Mit den Plänen der Auschwitzer Architekten verglichen waren seine allerdings harmlos – in Kammlers hatten die Häftlinge sechs mal mehr Platz.[130]

Der einzige hier vorgestellte Architekt, von dem keine solche Maßnahmen vorzufinden sind, war August Schlachter. Höß bezeichnete ihn später als „Provinzarchitekt aus Württemberg, ein beschränkter Geist mit wenig Schwung".[131] Es ist also nicht verwunderlich, dass man ihn, als es um größere Bauvorhaben ging, entließ. Anschließend arbeitete er als

---

[125] Vgl.: Ebd., S. 243f.
[126] Vgl.: Schafranek, NS-Tätergruppe, S. 98f.
[127] Vgl.: Ebd.
[128] Vgl.: Ebd.
[129] Vgl.: Stimpel, Tiefpunkt, (online).
[130] Vgl.: van Pelt/ Dwork, Auschwitz, S. 295.
[131] Zit. nach: Klee, Art. „Schlachter, August", S. 354f.

Bauleiter in Natzweiler, wo es Aussagen von Häftlingen gab, dass er ihnen Essen geschenkt habe. Auch dort wurde er nach einem Jahr entlassen.[132]

Zu guter Letzt lässt sich über die meisten Architekten, vor allem aber über Dejaco, Ertl und Bischoff, sagen, dass sie stets ihr Bestes gaben, um das Leben der Menschen im Konzentrationslager Auschwitz so schlecht es nur möglich war zu gestalten. Beispiele, wie der Plan der Baracke, in der Bischoff die Anzahl von 550 auf 748 Menschen erhöhte, indem nun einfach mehr Menschen in einem „Bett" schliefen, oder die viel zu wenigen, weit entfernten Latrinen, resultierten ganz sicher nicht aus fehlendem Wissen im Bereich der Architektur, sondern ganz einfach aus der Überzeugung, dass das Leben dieser Menschen nichts wert war.

5.   Fazit – Architekten als bewusste Mitgestalter des Holocaust?

Zusammengefasst lässt sich sagen, dass die Mitglieder der Zentralbauleitung natürlich nicht die „Endlösung" im Sinne des Judenmords beschlossen hatten, aber alles denkbar Mögliche taten, um den Mord in Auschwitz effektiv zu gestalten und die Menschen unter den schlechtesten Bedingungen unterzubringen. Einige von ihnen nutzen die Gelegenheit, um ihre Karriere voranzutreiben. Dies ging wohl nur, wenn man auch wirklich hinter den Ideologien des Nationalsozialismus stand - den Sinn und Zweck der eigenen Arbeit konnte man sicher nicht so einfach ausblenden.

Die anfangs gestellte Frage, ob die Architekten eigeninitiierte Optimierungsansätze einbrachten, lässt sich, wie aufgeführt, bei dem Großteil der in dieser Hausarbeit behandelten Angestellten der Bauleitung bejahen. Lediglich bei August Schlachter findet man keine Hinweise auf derartige Maßnahmen, was das SS-Hauptamt für Haushalt und Bauten aber auch zu stören schien, wie seine Entlassung zeigt.

Eine Aussage von Pery Broad bestätigt die Überzeugung der Architekten von ihrer Arbeit:

> „Die Zentralbauleitung des KZ-Auschwitz war so stolz auf ihre Leistung, daß im Vestibül ihres Hauptgebäudes eine Zusammenstellung von Bildern aus den Krematorien öffentlich aufgehängt wurde."[133]

All dies zeigt, dass Bischoff und seine Mitarbeiter nicht bloß empfangene Befehle durchführten, sondern eigenständig weiterdachten, aufsteigen wollten und stolz auf ihre Ideen

---

[132] Vgl.: Ebd.
[133] Höß, Rudolf et al.: Auschwitz in den Augen der SS, Warszawa 1992, S. 124.

zur Beihilfe am Holocaust waren. Für seinen „Einsatz bei siegentscheidenden Bauvorhaben" bekam Bischoff sogar das Kriegsverdienstkreuz erster Klasse.[134] Durch Weiterentwicklungen der Krematorien und Gaskammern, wie sie von Dejaco und Prüfer durchgeführt wurden, hätte der Massenmord in der Art und Weise, wie er geschah, eventuell nicht stattfinden können.

Umso ironischer, dass Ertl und Dejaco im ersten österreichischen Auschwitz-Prozess 1972 in der Anklage wegen Planung, Errichtung und Instandhaltung der Gaskammern und Krematorien freigesprochen wurden mit dem Argument, sie seien nicht „geistige Urheber" der Gaskammern gewesen.[135]

---

[134] Vgl.: Klee, Art. „Bischoff, Karl", S. 49.
[135] Vgl.: Nerdinger, Winfried: Architektur und Verbrechen. Ganz normale Architekten als Kriegs- und Mordhelfer, in: Nerdinger, Winfried (Hrsg.): Architektur und Verbrechen. Die Rolle von Architekten im Nationalsozialismus. Kleine Bibliothek der Bayerischen Akademie der Schönen Künste Bd. 7, Göttingen 2014, S. 7-18, S. 13.

6. Abbildungsverzeichnis

Abbildung 1

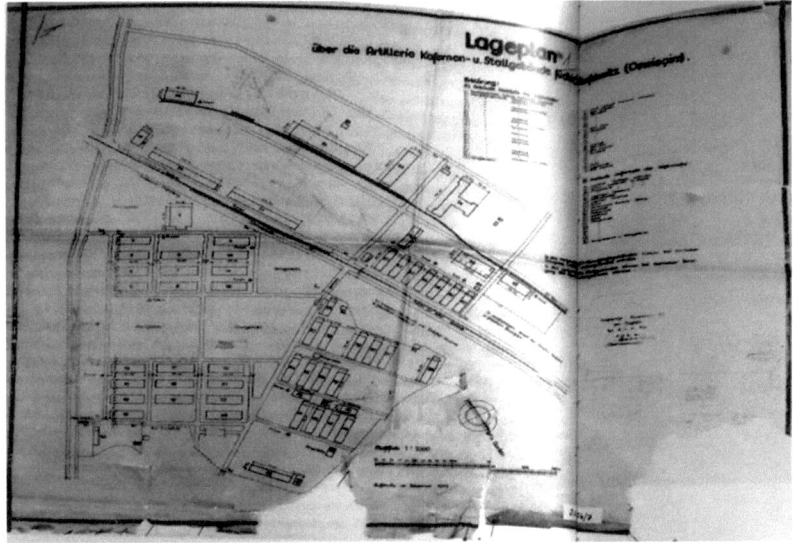

Zeichnung der Basis im Vorort Zasole.

Quelle entnommen aus: van Pelt/ Dwork, Auschwitz, Tafelteil-Zeichnungen.

Abbildung 2

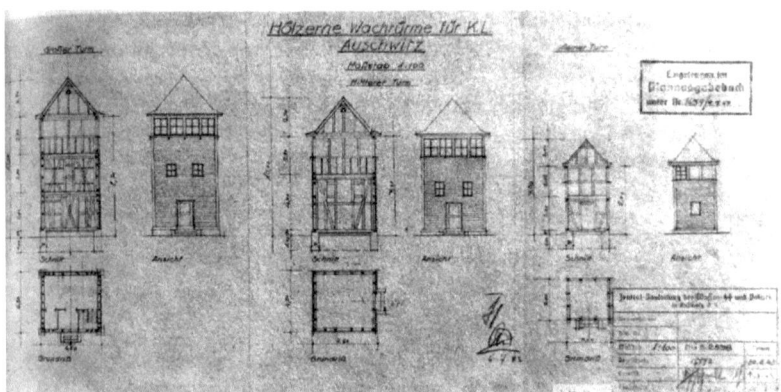

Planung der Wachttürme.

Quelle entnommen aus: Pressac, Krematorien, S. 187.

Abbildung 3

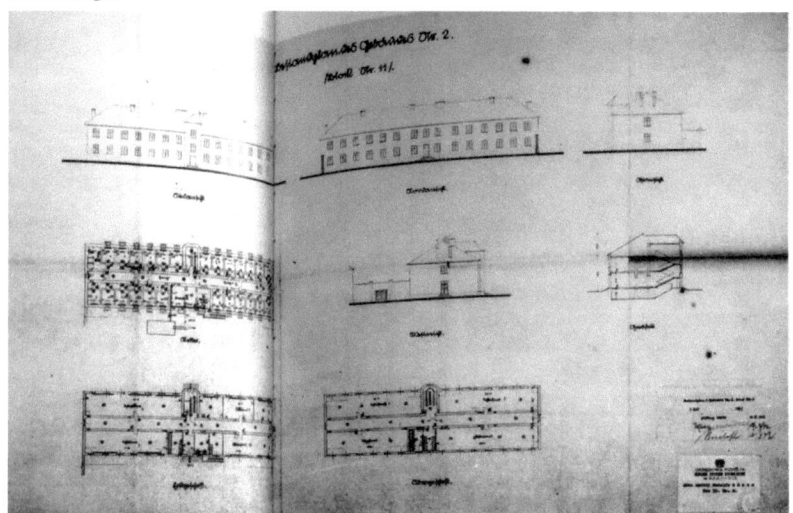

Planung des Gefängnisses und den Stehzellen im Keller von Block 11.

Quelle entnommen aus: van Pelt/ Dwork, Auschwitz, Tafelteil-Zeichnungen.

Abbildung 4

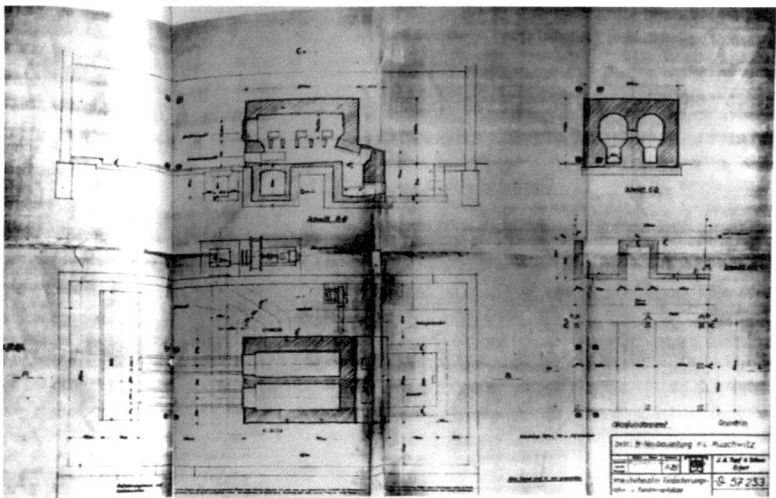

Schnittdarstellung des ersten in Auschwitz gebauten Einäscherungsofen der Firma Topf & Söhne (1940).

Quelle entnommen aus: van Pelt/ Dwork, Auschwitz, Tafelteil-Zeichnungen.

Abbildung 5

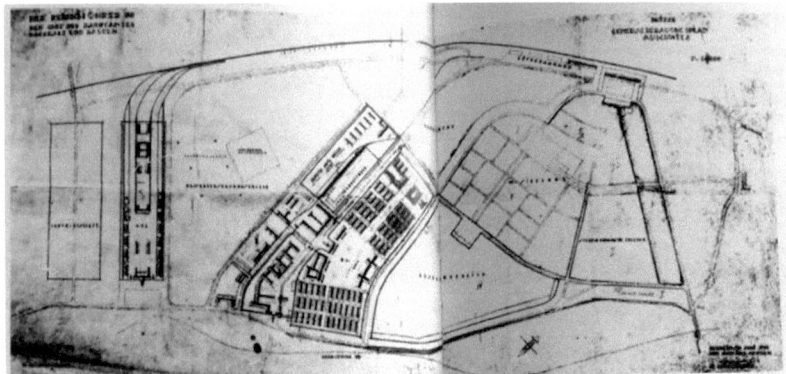

Das Lager mit Appelplatz, Häftlingsaufnahmebäude, einer Küche und einem Gebäude für das Hab und Gut der Häftlinge. Im oberen Bereich die Erweiterung durch 32 Wohnbaracken, ein Krankenhaus, das Lagergefängnis und das Krematorium.

Quelle entnommen aus: van Pelt/ Dwork, Auschwitz, Tafelteil-Zeichnungen.

Abbildung 6

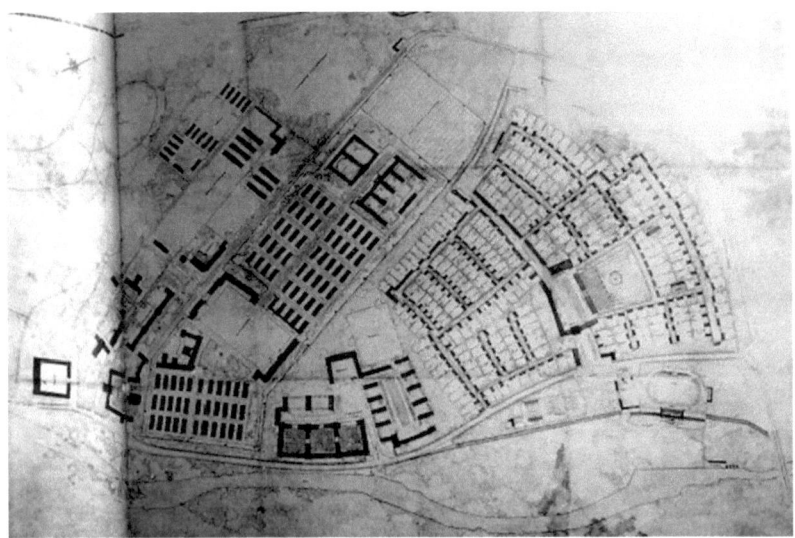

Ausbau für 30.000 Häftlinge. Rechts ein Dorf für die SS-Männer und ihre Familien.

Quelle entnommen aus: van Pelt/ Dwork, Auschwitz, Tafelteil-Zeichnungen.

Abbildung 7

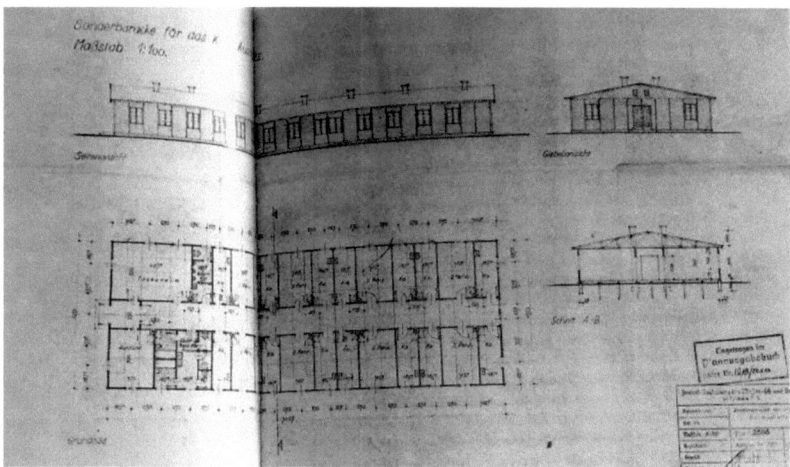

Die „Sonderbaracke", ein Lagerbordell.

Quelle entnommen aus: van Pelt/ Dwork, Auschwitz, Tafelteil-Zeichnungen.

Abbildung 8

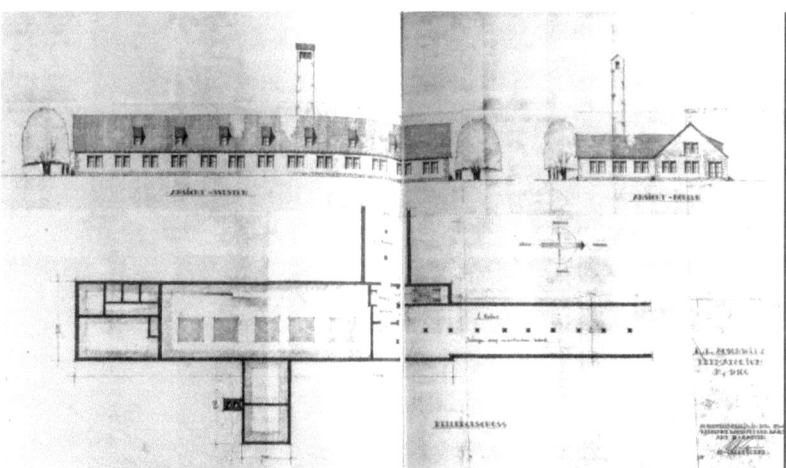

Das geplante Krematorium II im Stammlager.

Quelle entnommen aus: van Pelt/ Dwork, Auschwitz, Tafelteil-Zeichnungen.

Abbildung 9

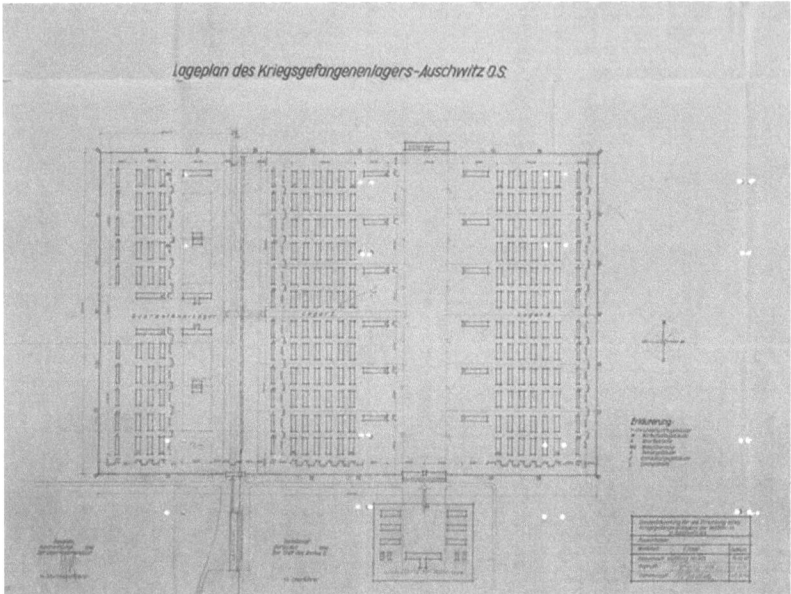

Der erste Plan Birkenaus, gezeichnet von Ertl.

Quelle entnommen aus: van Pelt/ Dwork, Auschwitz, Tafelteil-Zeichnungen.

Abbildung 10

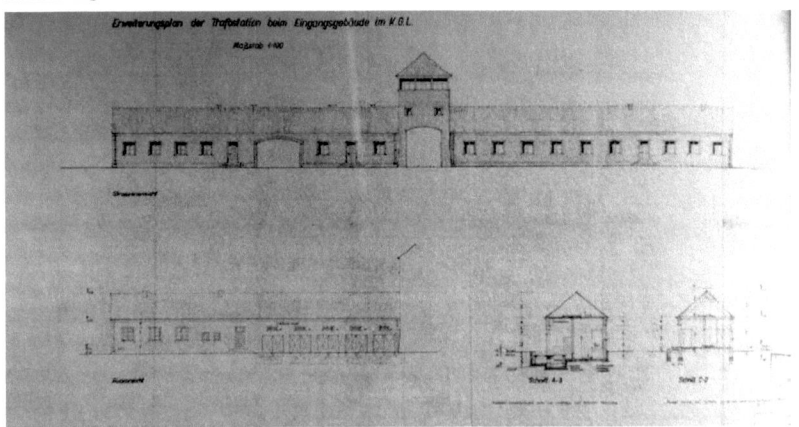

Das Torhaus.

Quelle entnommen aus: van Pelt/ Dwork, Auschwitz, Tafelteil-Zeichnungen.

Abbildung 11

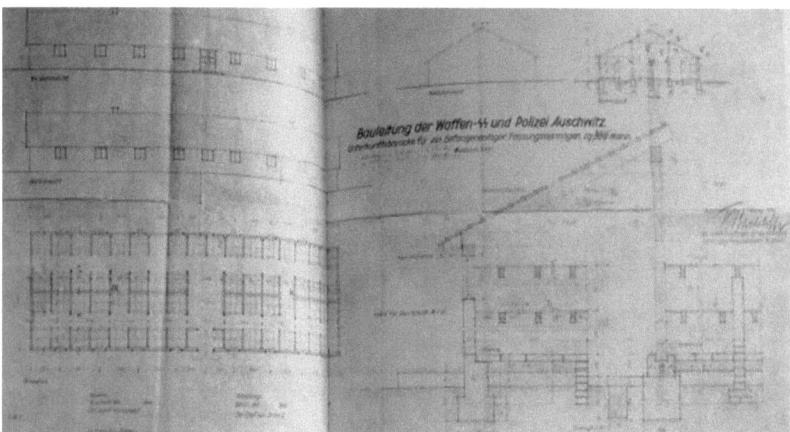

Plan einer Baracke. Unter der Überschrift kann man sehen, wie die Zahl 550 durchgestrichen wurde und durch 748 ersetzt wurde.

Quelle entnommen aus: van Pelt/ Dwork, Auschwitz, Tafelteil-Zeichnungen.

Abbildung 12

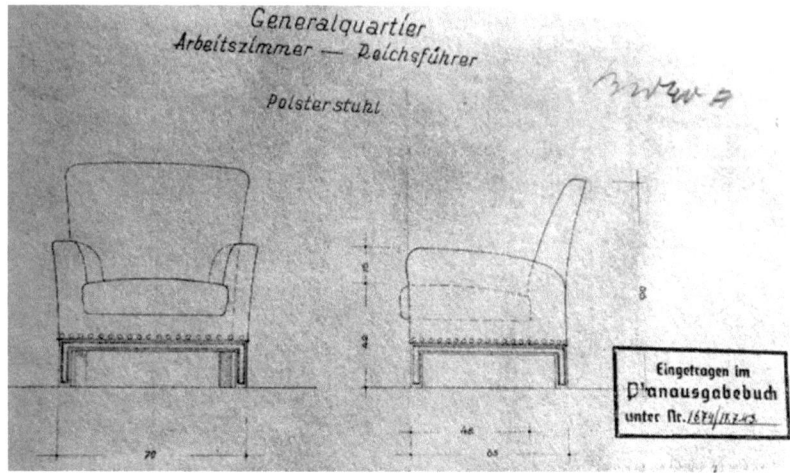

Quelle entnommen aus: Pressac, Krematorien, S. 253.

Abbildung 13

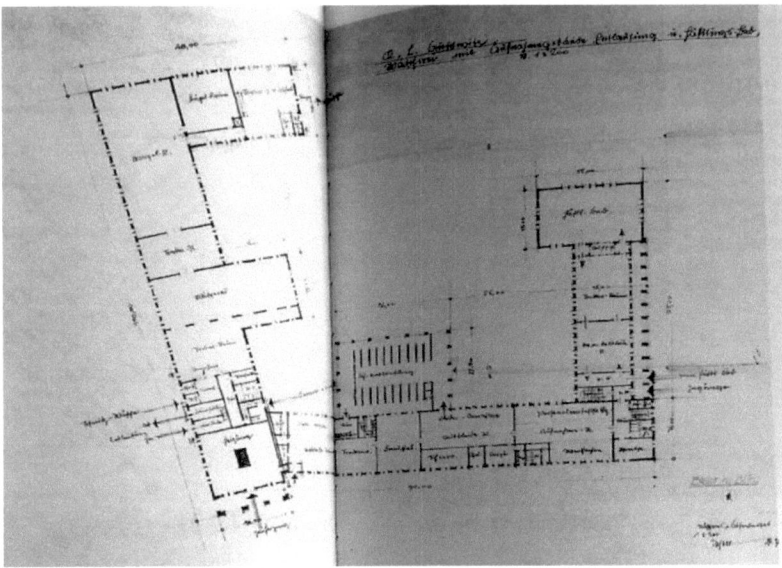

Häftlingsaufnahmegebäude, das man heute noch so besichtigen kann.

Quelle entnommen aus: van Pelt/ Dwork, Auschwitz, Tafelteil-Zeichnungen.

Abbildung 14

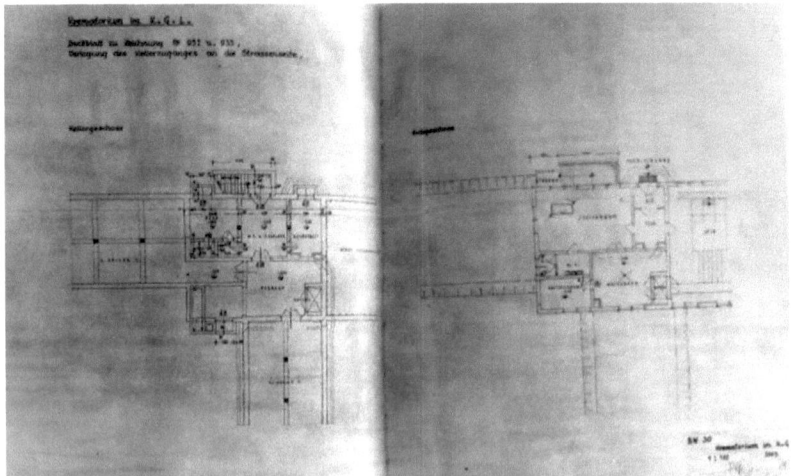

Das umgebaute Krematorium II, das nun auf Vernichtung ausgelegt ist.

Quelle entnommen aus: van Pelt/ Dwork, Auschwitz, Tafelteil-Zeichnungen.

Abbildung 15

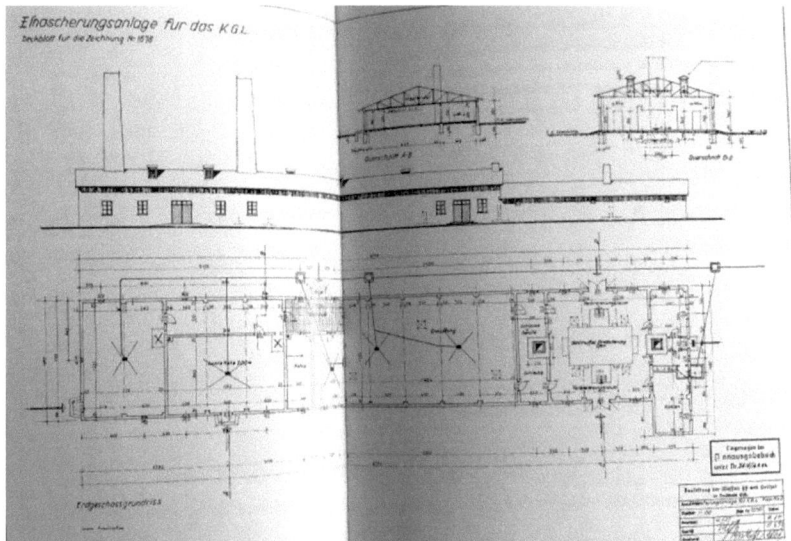

Vereinfachtes Krematorium IV von Walter Dejaco.

Quelle entnommen aus: van Pelt/ Dwork, Auschwitz, Tafelteil-Zeichnungen.

Abbildung 16

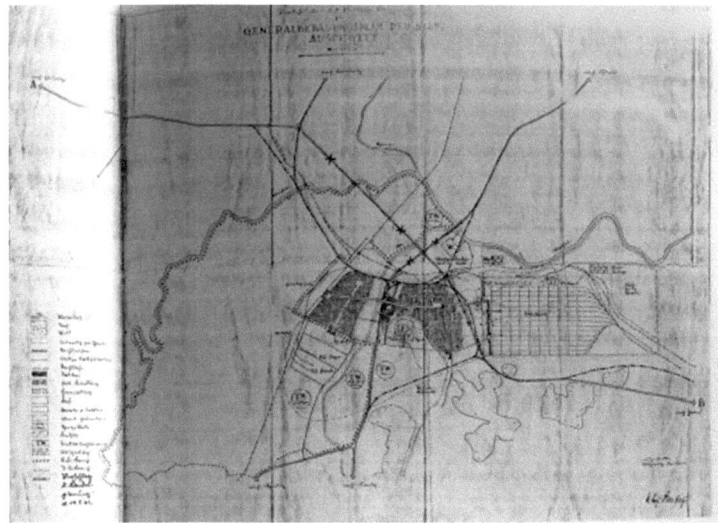

Erster Generalbebauungsplan Auschwitz' von Hans Stosberg.

Quelle entnommen aus: van Pelt/ Dwork, Auschwitz, Tafelteil-Zeichnungen.

Abbildung 17

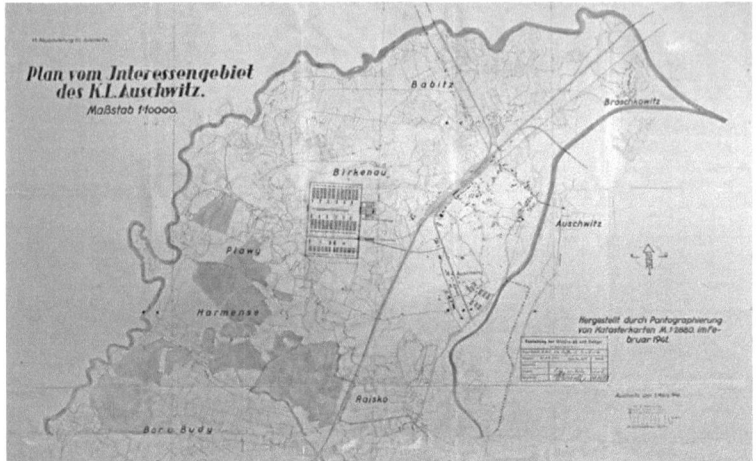

Interessengebiet Auschwitz.

Quelle entnommen aus: van Pelt/ Dwork, Auschwitz, Tafelteil-Zeichnungen.

Abbildung 18

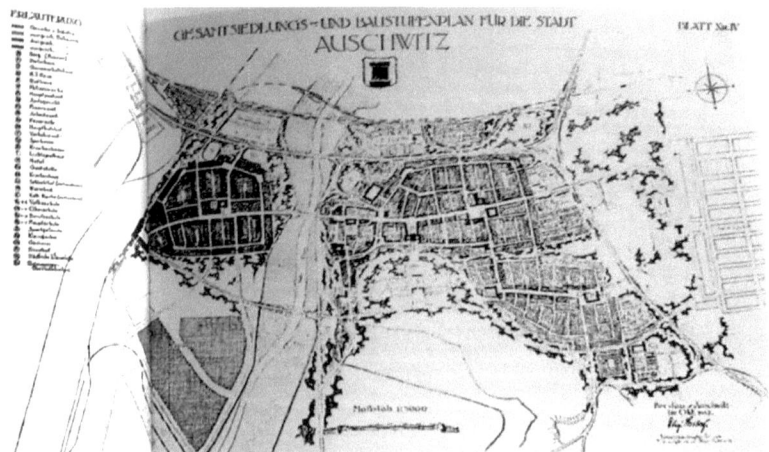

Entgültiger Bebauungsplan für die Stadt Auschwitz.

Quelle entnommen aus: van Pelt/ Dwork, Auschwitz, Tafelteil-Zeichnungen.

7. Literaturverzeichnis

7.1 Quellen

Höß, Rudolf et al.: Auschwitz in den Augen der SS, Warszawa 1992.

Baupläne entnommen aus:

van Pelt, Robert-Jan/ Dwork, Debórah: Auschwitz, Von 1270 bis heute. Aus dem Englischen von Klaus Rupprecht, Zürich 1998, Tafelteil-Zeichnungen.

Pressac, Jean-Claude: Die Krematorien von Auschwitz. Die Technik des Massenmordes, München 1994.

7.2 Forschungsliteratur

Fröbe, Rainer: Bauen und Vernichten. Die Zentrale Bauleitung Auschwitz und die „Endlösung", in: Gerlach, Christian (Hrsg.): "Durchschnittstäter" – Handeln und Motivation, Beiträge zur Geschichte des Nationalsozialismus 16, Berlin 2000, S. 155-209.

Gutschow, Niels: Ordnungswahn. Architekten planen im „eingedeutschten Osten" 1939-1945, Berlin 2001.

Ders.: Eindeutschung. Deutsche Architekten, Stadt- und Raumplaner im Osten 1939-1945, in: Nerdinger, Winfried (Hrsg.): Architektur und Verbrechen. Die Rolle von Architekten im Nationalsozialismus. Kleine Bibliothek der Bayerischen Akademie der Schönen Künste Bd. 7, Göttingen 2014, S. 93-150.

Klee, Ernst: Auschwitz. Täter, Gehilfen, Opfer und was aus ihnen wurde. Ein Personenlexikon, Frankfurt am Main 2013.

Nerdinger, Winfried: Architektur und Verbrechen. Ganz normale Architekten als Kriegs- und Mordhelfer, in: Nerdinger, Winfried (Hrsg.): Architektur und Verbrechen. Die Rolle von Architekten im Nationalsozialismus. Kleine Bibliothek der Bayerischen Akademie der Schönen Künste Bd. 7, Göttingen 2014, S. 7-18.

Pressac, Jean-Claude: Die Krematorien von Auschwitz. Die Technik des Massenmordes, München 1994.

Schafranek, Hans: Eine unbekannte NS-Tätergruppe: Biografische Skizzen zu österreichischen Angehörigen der 8. SS-Totenkopf-Standarte (1939–1941), in: Dokumentationsarchiv des österreichischen Widerstandes (Hrsg.): Täter. Österreichische Akteure im Nationalsozialismus, Wien 2014, S. 79−105.

Schüle, Annegret: Technik ohne Moral, Geschäft ohne Verantwortung. Topf & Söhne – die Ofenbauer von Auschwitz, in: Fritz Bauer Institut (Hrsg.): Im Labyrinth der Schuld. Täter – Opfer – Ankläger. Jahrbuch 2003 zur Geschichte und Wirkung des Holocaust, Frankfurt am Main 2003.

Steinbacher, Sybille: „Musterstadt" Auschwitz. Germanisierungspolitik und Judenmord in Ostoberschlesien, München 2000.

Stimpel, Roland: Tiefpunkt der Architekturgeschichte. Architekten in Auschwitz, in: Deutsches Architektenblatt, 01.12.2011, URL: http://dabonline.de/2011/12/01/tiefpunkt-der-architekturgeschichte (11.03.2017).

van Pelt, Robert-Jan: Eine Architektur von Nichts, eine Architektur des Nichts. Ort, Bau und Raum in Auschwitz, in: Nerdinger, Winfried (Hrsg.): Architektur und Verbrechen. Die Rolle von Architekten im Nationalsozialismus. Kleine Bibliothek der Bayerischen Akademie der Schönen Künste Bd. 7, Göttingen 2014, S. 19-64.

van Pelt, Robert-Jan/ Dwork, Debórah: Auschwitz, Von 1270 bis heute. Aus dem Englischen von Klaus Rupprecht, Zürich 1998.